AF341690

LETTRE

DU R. P. GERBERON,

A la Mere de SAINTE IDE LE VAVASSEUR, Religieuse du Port - Royal des Champs.

8ᵈ Z
LE SENNE
2611

LETTRE

DU R. P. GERBERON,

A la Mere de SAINTE IDE LE VAVASSEUR,

Religieuse du Port-Royal des Champs.

BENI soit Dieu le Pere de Nôtre Seigneur Jesus-Christ, le Pere des mise-ricordes, & le Dieu de toute con-solation, qui ne nous envoye la tribulation presente que pour nous ouvrir une voye à la paix & au bon-heur de ses Elûs.

L'agitation interieure & très-sensible que vous souffrez, ma chere Sœur, est une des plus gran-des faveurs que vous puissiez rece-voir de celuy qui ne veut pas que

2. Cor.
v. 3.

A ij.

vous échapiez à ſa Grace, & que vous perdiez le fruit de ſa voca- tion ſainte, par laquelle il vous a appellez à ſoy. Elle eſt d'autant plus ſinguliere cette faveur, que dans le Memoire dreſſé pour ex- primer vôtre peine, rien ne man- que de ce qui peut la ſoulager. Vous me demandez une réponſe, & je n'en ay point de meilleure que celle qui ſe trouve dans vôtre Ecrit : faites-y attention, je vous ſupplie, & ne refuſez pas d'appli- quer ſur vos bleſſures le baume ſa- lutaire préparé par le veritable Medecin, qui ſçait tirer du poi- ſon même de l'antidote : car ce n'eſt point par nos raiſonnemens que l'Eſprit de Dieu veut vous convaincre, c'eſt par vos propres paroles.

Le refus que vous avez fait juſ- qu'icy de ſouſcrire la condamna- tion prononcée contre le Livre

2. *Tim.* c.1.v.3.

de Janſenius eſt fondé , 1°. Sur vôtre incapacité : 2°. Sur l'avis des perſonnes de qui vous preniez conſeil.

Ma chere Sœur , vous n'avez pas crû qu'il vous fût permis de regarder comme heretique un Livre dont vous n'étiez pas capable de juger par vous-même ; mais avez-vous crû que l'Egliſe ignorât vôtre incapacité ? Lors donc que , malgré cette incapacité qui luy étoit connuë , elle a exigé de vous un jugement conforme au ſien , vous n'avez pû refuſer de lui obéïr , ſans regarder ſon commandement comme injuſte. Mais comment ne vous êtes-vous pas apperçûë qu'une pareille idée , qu'on s'efforçoit de vous donner , ne convient qu'aux Heretiques , & doit faire horreur à toute ame vraiment fidele ? Comment n'avez-vous pas conſideré , que moins on ſe ſent capable de juger par soi-même, si la doctrine d'un Livre est bonne ou mauvaise, plus on a tort de contester à l'Eglise le droit de nous prescrire ce qu'il en faut penser ? Comment avez-vous pû douter que tout Livre qu'elle declare heretique soit certainement heretique, puisque l'heresie ne consiste que dans l'opposition à ce que l'Eglise croit, & que cette opposition, par tout où elle se trouve, ne pourroit échaper à sa connoissance, sans que ses Fideles ne courussent risque d'être livrez à la seduction ?

Qu'a-t-elle fait sur le Livre de Jansenius ? Elle a declaré simplement, que ce qu'il luy attribuë de penser, Elle ne le pense pas, qu'Elle pense le contraire. Voilà sur-quoy on refuse de la croire : & pour justifier ce refus, on suppose que cette Mere si sage, faute de bien entendre ce qu'un Evêque

luy faifoit dire, Elle l'a defavoüé
mal à propos, & cenfuré dans luy
fa propre Doctrine.

Ce difcours, ma chere Sœur,
pour peu qu'on vous eût permis
de l'approfondir, vous auroit fans
doute revoltée ; car vous auriez
compris, que fi l'Eglife pouvoit
manquer d'intelligence, jufqu'à
ne pas difcerner dans un Livre de
Religion la verité d'avec l'erreur,
les fources de la Doctrine feroient
bien-toft corrompuës.

De là vous auriez conclu, que
la feureté de nôtre Foy fuppofe
dans l'Eglife un difcernement qui
la rend incapable de prendre, dans
quelque écrit que ce puiffe, être
la verité pour l'erreur, & une verité ortodoxe pour un fentiment
heretique.

Voilà ce que vous vous feriez
dit à vous-même, fi vous euffiez
été laifsée à vos propres reflexions,

(8)

& que l'on ne vous eût point dé-
tournée des voyes simples de l'E-
vangile, pour vous faire marcher
dans des sentiers écartez.

Nous nous sommes appuyées,
dites-vous, sur l'avis des personnes qui nous conseilloient. Ces paroles, ma très-chere Sœur, rendent témoignage contre vous; car
voilà de vôtre aveu deux langages
tout opposez, l'un de ceux qui
vous conseilloient, l'autre du Pape
& de tout le Corps des Pasteurs,
qui vous parloient par la bouche
de vôtre Archevêque. Vous re-
connoissez vous-même que la voix
de l'Etranger l'a emporté dans
vôtre esprit sur celle de l'Eglise,
bien que cent fois vous eussiez lû
ce que Nôtre Seigneur a dit ; s'il
n'écoute pas l'Eglise, regardez-le
comme un Payen & comme un
Publicain.

Non , ma très-chere Sœur, il

ne peut jamais y avoir aucune bonne raison de refuſer à l'Egliſe l'obéïſſance qu'Elle demande à ſes Enfans. Vouloir ſe conduire par d'autres lumieres que par celle des Evêques unis au Pape, c'eſt verifier la maxime du Fils de Dieu ; ſi un aveugle ſert de guide à un autre *Matth.* aveugle, ils tombent tous deux 15. v. dans une foſſe. Cet aveuglement ſe 14. fait ſentir dans tout ce qui vous a été allegué.

ARTICLE I.

Car pour commencer par le premier Article, dites-moy devant Dieu, croyez-vous que vôtre Requeſte preſentée en 1 6 6 9. & la Sentence renduë enſuite par M. de Perefixe, ayent pû lier les mains à perpetuité, tant au Pape qu'à toute l'Egliſe ? Suppoſons, ce qui certainement n'eſt pas vray ; ſuppo-

fons , dis-je , que M. de Perefixe
vous ait difpensées de reconnoître
le Livre de Janfenius pour heretique , fa difpenfe empêche-t-elle
qu'il ne vous foit venu depuis un
Ordre contraire? Il ne s'agit donc
plus que de voir fi la difpenfe vraie
ou fauffe, accordée par un Evêque
particulier , a pû être revoquée
par l'Eglife univerfelle : Que de
voir fi l'autorité d'un feul doit pré-
valoir à celle de tous les Pafteurs
unis enfemble. Car vous dites vous-
même , que la nouvelle Conftitution demande que vous teniez interieurement pour certain que le
Livre de Janfenius eft heretique :
Vous dites que cette Conftitution
vous a été envoyée par M. vôtre
Archevêque, dont le Mandement
qui vous a été lû , declare en ter-
mes exprès , qu'elle eft reçûë par
le Corps entier des Pafteurs.

Voilà une Loy de toute l'Eglife.

Est-elle juste cette Loy, ou ne l'est-elle pas ? Si elle est juste, elle abolit toute dispense anterieure, accordée, selon vous, par un seul homme. Que si elle est injuste, comme vous le pretendez certainement, en disant qu'elle demande de vous ce que vous ne pouvez faire en conscience, voilà l'Eglise entiere coupable ; non pas simplement d'injustice, mais de tyrannie, puisqu'avec connoissance de cause, & malgré tout ce que vous avez pû luy remontrer, Elle exige de vous un serment que vous ne pouvez faire sans peché.

Que vous êtes à plaindre, ma chere Sœur, de ne pouvoir justifier vôtre conduite qu'en décriant vôtre Religion. Car, je vous demande à vous-même, quel sujet les Protestans n'ont-ils pas de nous abhorrer, s'il est vray que le Pape & tous les Evêques, au mépris de tout ce qui leur a été dit pour les détourner d'une entreprise si contraire à la Loy de Dieu, se font obstinez à exiger que nous commissions des parjures. Voyez donc, ma très-chere Sœur, dans quelles effroyables extrêmitez vous ont jettée les raisonnemens des personnes que vous avez consultées ? Comprenez bien qu'il n'y a point ici de milieu. Si vôtre conduite est bonne, vôtre Religion est mauvaise, & vous ne pouvez en conscience demeurer dans une Communion, dont tous les Pasteurs s'accordent à faire l'Office de l'Antechrist.

Mais si la Loy qu'ils vous imposent est aussi mauvaise qu'on vous l'a dit, en quelle conscience a-t-on pû vous conseiller de declarer que vous la receviez avec respect? C'est pourtant ce que vous avez signé par les mains de vôtre Abbesse. La

bonne foy avec laquelle il semble
que vous avez agi, ne me permet
pas de vous blâmer d'autre chose,
que d'avoir trop bien pensé de
ceux qui vous conseilloient. Ils ont
bien pû chercher à tromper les
hommes par ces mots, *sans déroger.*
Mais de quel usage cette clause
peut-elle être devant Dieu? L'objet
principal de la Bulle est de prescrire ce que vous appellez un parjure;
&, au lieu de la détester, ils se con-
tentent de vous apprendre à l'é-
luder par un langage artificieux,
qu'ils vous suggérent.

Puisque le but direct de cette Con-
stitution étoit de nous obliger tous
à jurer, que nous tenons le Livre de
Jansenius pour heretique, la since-
rité demandoit, ou que la Consti-
tution fut rejettée nettement, comme injuste & tyrannique, ou qu'en
la recevant avec respect, on recon-
nût le pouvoir que l'Eglise a d'exi-

ger ce qui eſt preſcrit par cette
Bulle. Ce qu'elle preſcrit, dites-
vous, eſt un ſerment que vous n'a-
vez pû faire, n'ayant point de certitude que le Livre de Janſenius
ſoit tel que l'Egliſe le declare.

Quoy, ma Sœur, ſon témoignage ne vous ſuffit-il pas pour juger
qu'un Livre eſt heretique ? Tous
les Fideles des ſiecles paſſez de qui
on a exigé de pareils ſermens, ont-
ils craint de devenir parjures en
les faiſant ? Mais vous-même, ma
Sœur, vous-même qui condamnez
de ſi bon cœur comme heretiques
les écrits de Pelage combatus par
S. Auguſtin, quelle certitude a-
vez-vous que ces écrits ſoient ſi
mauvais ? & de qui avez-vous ap-
pris que ce qu'ils enſeignent eſt
une erreur, ſi ce n'eſt de l'Egliſe,
dont le témoignage vous a ſuffit
pour les déteſter comme vous faites ? Que penſeriez-vous de moy, ſi

pour m'excuſer de rejetter Neſtorius, Pelage, Viclef, & même
Calvin, j'alleguois preciſément
les mêmes choſes que je lis dans
vôtre Memoire ; à ſçavoir que
leurs Diſciples & eux-mêmes ont
nié pluſieurs fois qu'on eût bien
pris leur pensée ? Croyez-vous que
les Janſeniſtes ſoient les premiers
qui ayent parlé de la ſorte? Les ou-
vrages de Calvin ſont remplis d'un
pareil langage. Neſtorius l'avoit
employé avant Calvin. Mais nous
ne les écoutons plus dès que l'E-
gliſe nous aſſeure qu'Elle a reconnu dans leurs écrits une Doctrine
opposée à la ſienne. Sur ſa Parole
nous jurons, perſuadez qu'Elle a
dit vray. Quel menſonge, quel
parjure y a-t-il à craindre en cela ?
Celuy là ment certainement &
eſt parjure, qui, ne penſant pas
comme l'Egliſe ſur le Livre de Janſenius, ne craint pas de ſigner le

Formulaire , ſans croire ce qu'il contient expreſsément. Mais eſt-ce trop vous demander , que de vouloir que ſur le ſujet de ce Livre vous penſiez comme penſe l'Egliſe? Et dès-là que vous penſez comme Elle , quelle difficulté avez-vous d'en prendre Dieu à témoin ?

Je vous l'ay déja dit, la même choſe a été exigée dans tous les ſiecles , autant de fois que quelque livre , ou écrit capable de ſéduire les Fideles & de corrompre leur Foy, s'eſt trouvé avoir des Partiſans obſtinez à en éluder la cenſure. Alors l'Egliſe s'eſt toûjours attachée à vouloir que ſes Enfans juraſſent qu'ils y ſouſcrivoient. Moins ils étoient capables de juger du Livre par eux-mêmes , plus Elle a crû qu'ils devoient s'en rapporter à ſon Jugement. Vous-même vous n'avez nulle peine à le faire ſur tous les Livres anciennement condam-nez ;

nez ; il n'y a que celuy de Janfenius que vôtre foûmiffion excepte.
Examinez devant Dieu , ma chere
Sœur , fi une pareille exception
pourra être juftifiée par la crainte
imaginaire d'un menfonge ou d'un
parjure.

ARTICLES II. III. IV.

Sur les Articles deux , trois ,
quatre de vôtre Memoire , je dis
que faint Ambroife , faint Bernard
& le Cardinal Bellarmin ont parlé
très-exactement, en decidant qu'il
n'eft permis d'affirmer par ferment
que les chofes que l'on fçait être
veritables , & dont on n'a aucun
doute. Et c'eft pour cela que le
Pape & toute l'Eglife avec luy
viennent de declarer parjures cette multitude de Janfeniftes , qui ne
fe font aucun fcrupule de figner le
Formulaire , fans croire fincere-

ment que la Doctrine du Livre eſt heretique. Mais à Dieu ne plaiſe qu'on vous preſcrive un pareil ſerment, comme on ne preſcrit pas un ſacrilege aux pecheurs en leur faiſant un precepte de communier à Pâques. Au precepte de communier on joint l'avertiſſement que toute Communion indigne rend le pecheur beaucoup plus criminel qu'il n'étoit auparavant. Il en eſt de même du ſerment, l'Egliſe l'exige autant de fois qu'elle le juge à propos ; mais en nous avertiſſant que s'il n'eſt pas ſincere, il nous damnera. Pour qu'il ſoit ſincere, que faut-il ? Il faut dans l'eſpece preſente ſe tenir convaincu que l'Egliſe a bien jugé du Livre de Janſenius, & que ce Livre eſt en effet heretique. Il faut mettre ceux qui en doutent au nombre des Docteurs, qui n'ont que la ſcience qui enfle & rien de la charité qui édi-

fie ; qui aiment à contester , & qui
ne se rendent point à la verité, mais
qui se laissent persuader à l'iniquité : car quelle iniquité plus criante
que de refuser à l'Eglise la connoissance certaine de ses propres
sentimens? Prenez bien garde à ce-
cy, ma chere Sœur , dire , comme
font vos Docteurs, que le Livre de
Jansenius est ortodoxe, & qu'il ne
contient que la pure Doctrine de
S. Augustin, qui est celle de l'Eglise, c'est dire qu'elle a méconnu
dans ce Livre ce qu'elle - même
croit & enseigne ; qu'elle y a pris
la verité pour l'erreur ; que le tex-
te qui exprime sa Doctrine luy a
paru une heresie ; & que celuy qui
exprime une heresie , elle nous l'a
donné pour la Doctrine de Jesus-
Christ. Et vous êtes surprise que
ceux qui pensent de la sorte ayent
été appellez dans les Bulles enfans
d'iniquité ; de qui il est écrit, qu'il

Rom. 2.
v. 8.

B ij

Rom. 2.
v. 8. n'y a pour eux que colere & indignation.

Que si vous pensez autrement de l'Eglise, qu'avez-vous à craindre, en jurant sur son témoignage que le Livre de Jansenius est opposé à la Doctrine qu'elle enseigne : c'est ce qu'Elle vous demande, & ce que vous ne pouvez lui refuser, sans attirer sur vous la malediction exprimée dans l'Evangile.

On vous a dit que le Livre de Jansenius a plusieurs sens : mais qui est-ce, ma très-chere Sœur, qui vous l'a dit ; est-ce l'Eglise, ou ceux que l'Eglise vous défend d'écouter ? Les Brebis du bon Pasteur ne connoissent point la voix des Etrangers ; loin de les suivre elles Joan.
10. v.
5. s'enfuyent d'eux : Et vous, ma chere Sœur, n'écouterez-vous qu'eux ? Sera-ce assez qu'ils vous disent qu'-Elle a tort, pour que vous en soyez persuadée ?

ARTICLES V. VI. VII.

La suite de vôtre Memoire est une nouvelle contradiction, dans laquelle vous tombez sans vous en appercevoir. Le Pape, selon vos Docteurs, dit qu'il a fait examiner le Livre de Jansenius par plusieurs Cardinaux & Docteurs. Vous pouviez ajoûter ce qu'il assure au même endroit, que cet examen s'est fait avec une telle exactitude qu'on ne pourroit pas en souhaiter une plus grande : & ce même Pape, si on les en croit, parle d'une maniere à laisser penser que si ce Livre étoit examiné avec plus de soin, on y trouveroit un sens plus favorable à l'Auteur. C'est ainsi que l'iniquité cherche à se tromper soi-même : Vous n'osez croire qu'on vous ait imposé, en joignant au témoignage du Pape, celuy de tous les Evê-

ques ; mais vous aimez mieux penfer que ces Evêques ont parlé fans
connoiffance , & qu'ils ont affirmé
fans fcrupule un fait dont , ny eux,
ny leurs predeceffeurs n'avoient
pas pris foin de s'affurer.

Toute la délicateffe de confcien-
ce vous paroît donc renfermée
dans l'enceinte du Port-Royal.
Hors de là , tout ce qu'il y a eu depuis foixante ans de Prelats & de
Souverains Pontifes fe font accor-
dez à condamner un innocent,
dont ils ont foûtenu avec hardieffe
que la caufe avoit été très-foigneu-
fement difcutée en particulier &
en public , à Rome & en France,
quoyqu'ils ne puffent ignorer que
cela n'étoit pas vray.

A ne rien déguifer , ma chere
Sœur, le fcrupule qu'on vous a fait
eft d'une étrange efpece. Jugez
vous-même par cet exemple de
l'équité de vôtre morale. Le refus

de figner le Formulaire, eft fondé
fur la crainte que vous avez de
condamner un Evêque, qui peut
fort bien, felon vous, être innocent. Je ne m'arrête point à vous
montrer qu'en cela même vous
vous trompez, puifqu'il ne s'agit
point de fa perfonne, que l'Eglife
veut bien qu'on croye fort inno-
cente, mais du Livre qu'Elle veut
qu'on croye mauvais. Je m'arrête
à la crainte que vous avez de condamner un feul Evêque, tandis que
vous ne craignez pas de condamner tous les Evêques & tous les Papes qui ont vécu depuis 60. ans.
Je penfe, dites - vous, que ces
perfonnes n'ont peut-être pas employé affez de tems pour examiner
un fi gros Livre : ils ont donc trahi
leur miniftere & parlé contre la
bonne foy, en affurant, comme ils
ont fait, & comme ils continuent
de faire, que ce Livre a été exami-

né avec un soin tel qu'on n'en pourroit souhaiter un plus grand; & que
cet examen s'est fait non-seule-
ment à Rome, dans une Congre-
gation établie nommément pour
ce sujet, mais encore en France
dans une nombreuse assemblée de
Prelats, convoquée extraordinai-
rement pour cette seule affaire.
Faites reflexion, s'il vous plaît,
qu'il n'en n'est pas du témoignage
de discussion, comme du témoignage d'adherance. Celui que l'E-
glise nous demande à vous & à
moy, n'est qu'un simple témoignage d'adherance, par lequel nous
nous declarons adherer à son Jugement, c'est-à-dire, penser comme Elle sur le Livre de Jansenius.

Il n'en est pas de même des E-
vêques & des Cardinaux commis
pour examiner ce Livre. Le rap-
port qu'ils en firent étoit un témoignage de discussion : les autres Prelats

(25)

lats devant qui ils rapporterent,
avoient feparément examiné le
Livre par eux-mêmes; c'eft ce que
le Procez-verbal énonce en ter-
mes exprès. Si cet énoncé eft veritable, avec quelle injuftice, ma chere Sœur, peut-on calomnier tant
d'Evêques pour en excufer un feul?
Si vous ne le croyez pas veritable
cet énoncé, quelle idée avez-vous
de l'Eglife de Dieu, & que pouvez-
vous penfer de cette confpiration
unanime des Papes & des Evêques,
à mentir & à nous tromper ? Ce jugement temeraire que vous craignez fi fort de porter contre Janfenius ne vous paroît plus tel, lorf-
qu'il s'agit de condamner tous fes
Juges. Penfer comme eux, c'eft une
chofe que vous n'ofez vous permettre ; mais penfer de l'Eglife,
comme en penfent les Lutheriens
& les Calviniftes, cela ne vous fait
aucune peine ; c'eft-à-dire, que

l'obéïſſance de vos Sœurs, qui ont
ſigné eſt la paille que vous voulez
leur tirer de l'œil, tandis que vous
n'appercevez pas la poutre qui eſt
dans le vôtre. Je ſuis perſuadé, ma
chere Sœur, que vôtre pieté ne re-
ſiſtera point à ces Reflexions : Par-
courons ſuccintement les autres
Articles du Memoire.

Article VIII.

Vous avoüez que les quatre E-
vêques ont uſé de duplicité, & d'u-
ne duplicité que la Conſtitution
de Clement XI. condamne de parjure. Vous les croyez après cela,
& vous prenez leur conduite pour
regle de la vôtre. A leur exemple,
vous joignez celuy d'un grand
nombre de perſonnes, qui ſe ſont
laiſsé interdire ou exiler, depuis la
Conſtitution de Clement XI. Vous
pouviez ajoûter encore un nombre

infiniment plus grand de Mini-
ftres , & d'autres qui fe font reti-
rez ou cachez depuis la revocation
de l'Edit de Nantes. Les opiniâ-
tres ont-ils jamais manqué à aucune forte de fecte qui les ait traitez
de martyrs? Si ce qu'ils ont enduré
fuffit pour juftifier leurs fentimens,
c'eft à tort que nous regardons les
Arriens, les Neftoriens ; & pour ne
parler ici que de ce qui eft fous nos
yeux , c'eft à tort que nous regardons les Huguenots comme heretiques.

A R T I C L E I X.

Vous voudriez pouvoir croire
que la fignature du Formulaire
n'eft point neceffaire au falut , &
vous vous fondez fur ce que vos
Superieurs ne l'ont point exigé
jufqu'icy. La réponfe à cela eft
très-fimple : rien n'eft plus necef-

faire au salut que l'obſervation des preceptes ; celui qui vous a été fait eſt très exprès. Le delay dont on a usé fait voir la clemence des Superieurs. Vous & vos Sœurs avez pû leur resister, mais ils n'ont pû se diſpenser d'obéïr eux-mêmes à ce qui leur étoit preſcrit par la nouvelle Bulle. L'évenement a fait voir qu'elle n'étoit pas donnée ſans neceſſité, & qu'il n'étoit que trop juſte de s'aſſurer de vos ſentimens. N'alleguez donc point l'idée qu'ils en ont euë avant que d'en faire l'épreuve ; mais que l'idée qu'ils en ont maintenant vous faſſe trembler ſur l'état où vous avez été. Souvenez-vous que les raiſons ne manquerent pas à Eve pour se diſpenser d'obéïr, & que le plus opiniâtre eſt toûjours celuy qui se croit le mieux fondé en preuves.

ARTICLE X.

Vous dites que pour vous pref-
ser davantage, on vous allegue l'e-
xemple de M. Arnauld & de M.
Nicole qui ont eux-mêmes signé le
Formulaire. Quoyqu'il en soit, de
M. Nicole, dont je ne suis pas si
informé, c'est une chose publique,
& dont tout le monde convient,
que M. Arnauld le signa, mais de
la même maniere que les quatre
Evêques, en qui vous-même trou-
vez tant de duplicité. La science
qu'il avoit, & que vous n'avez pas,
dites-vous, n'est pas une raison
pour vous dispenser d'obéïr ; car
ce n'est point un témoignage de
science qu'on vous demande, mais
un témoignage d'adherance au jugement de l'Eglise, & une assuran-
ce que vous pensez comme elle sur
le Livre de Jansenius.

ARTICLE XI.

Rien n'eſt plus vray ni plus ſoli-
de que les deux endroits que vous
citez de ſaint Bernard & de ſaint
François de Sales ; mais l'induction
que vous en tirez, ma chere Sœur,
eſt préciſément la même dont les
Calviniſtes chargerent leur mani-
feſte pour juſtifier leur revolte contre l'Egliſe & contre le Roy. Il leur
fut répondu que les mêmes ſaints
Docteurs qui nous deffendent d'o-
béïr en ce qui eſt peché, nous dé-
fendent de penſer que l'Egliſe
puiſſe rien commander qui ſoit
peché. C'eſt la maxime qui diſtin-
gue l'Ortodoxe de l'Heretique.
Tous deux conviennent que les
Martyrs ne ſont martyrs que pour
avoir répondu à leurs Juges, il faut
obéïr à Dieu plûtoſt qu'aux hommes ; ils conviennent que la même

réponse a lieu autant de fois qu'-
un maître ordonne à son servi-
teur, un pere à son fils, & quelque Superieur que ce soit, à celuy
qui luy est soûmis, des choses
que Dieu défend ; mais ce que
l'Heretique pretend, & que tout
Catholique luy nie, est que rien
de semblable soit à craindre de la
part de l'Eglise, qui, étant Sainte
& conduite par l'Esprit-Saint, ne
sçauroit commander rien qui ne
soit saint. Nul ne commande des
choses reprehensibles, sans devenir luy-même reprehensible ; & si
l'Eglise pouvoit devenir reprehensible, saint Paul nous auroit trompez, en disant que Jesus-Christ a
aimé l'Eglise jusqu'à se livrer luy-
même pour elle, afin de se donner
à luy-même une Eglise glorieuse
qui n'eût ni tache, ni ride, ni rien
de semblable, mais qui fût sainte
& sans tache.

C iiij

ARTICLES XIII. XIV.

Les Articles 13. & 14. de vôtre Memoire comprennent bien des choses , dont la discussion demanderoit un long discours. 1°. Vous dites qu'en 1669. le saint Siege vous a dispensées de la signature du Formulaire. Le contraire paroît par les Brefs de Clement IX. donnez-vous la peine de les lire , vous y trouverez une fermeté inflexible à en exiger la souscription pure & simple , sans restriction ni limitation.

2°. Que la nouvelle Bulle de Clement XI. ne demande point cette signature, du moins si l'on en croit plusieurs personnes. Ces personnes, ma chere Sœur , parlent contre la verité manifeste. Pour vous en convaincre par vos yeux, demandez , s'il vous plaît, à revoir

la Bulle ; Vous y trouverez que
Clement XI. non content de con-
firmer tout ce que ses Predecesseurs
ont ordonné sur ce sujet , rapporte
mot à mot la Bulle d'Alexandre
V I I. par laquelle il est enjoint
nommément aux Religieuses de
signer le Formulaire.

3°. Vous ajoûtez que l'Eglise
n'est pas infaillible dans les faits
non revelez ; & que si c'étoit un
Concile qui exigeât ce qui est prescrit par cette Bulle , on le feroit
sans hesiter ; que l'Eglise n'a jamais
demandé à des filles de condamner des Livres de Theologie ; &
que ce sont apparemment les mêmes personnes qui ont autrefois
fait de la peine à vôtre Commu-
nauté , qui ont sollicité son Emi-
nence de vous obliger à cette signature. Vous avez vû que son E-
minence ne vous y a obligées, qu'-
en vertu des Bulles acceptées par

l'Eglife univerfelle. Si ces Bulles &
leur acception font l'ouvrage de
vos ennemis, il s'enfuit que les por-
tes de l'Enfer ont prévalu contre
l'Eglife. Mais comment pouvez-
vous dire en même tems que l'E-
glife n'eft pas infaillible dans le
point dont il s'agit, & que cepen-
dant fi c'étoit un Concile qui exigeât ce qui eft prefcrit par cette
Bulle, on le feroit fans hefiter.

Voilà encore une de ces contra-
dictions palpables, dont la préoc-
cupation où vous étiez vous déro-
boit la connoiffance. Avez-vous
crû qu'un Concile, quelque nom-
breux & œcumenique qu'on le
fuppofe, eût plus de pouvoir que
l'Eglife ; ou que le fentiment
unanime des Evêques refidans
dans leurs Diocefes fut plus fujet
à l'erreur, que celuy des mêmes
Evêques raffemblez dans un même lieu ? Si cela eft ainfi, Pelage &

ſes Sectateurs ont eû droit de ſe pourvoir contre la cenſure de leurs Dogmes , qui ne fût point prononcée dans un Concile gene-ral. S'il eſt vray , comme vous n'en pouvez pas douter , que le Concile ne tienne ſon pouvoir que de l'Egliſe qu'il repreſente , com-ment avez-vous pû ſuppoſer qu'il eût plus d'autorité qu'Elle ? On ſi-gneroit ſans heſiter , dites-vous , ſi c'étoit un Concile qui l'ordonnât. Je vous demande , ce Concile ſe-roit-il infaillible dans le point dont il s'agit ? Si vous me dites qu'il le ſeroit , l'Egliſe l'eſt donc ſans au-cun doute ? Si vous croyez , que ſans être infaillible , il auroit droit d'exiger qu'on ſignât , l'Egliſe au-ra donc le même pouvoir , & vous ne ſçauriez luy refuſer ce que vous n'heſiteriez pas de faire en vertu de l'ordre d'un Concile.

Mais , dites-vous , l'Egliſe n'a ja-

mais demandé à des filles de condamner des Livres de Theologie.
Ce reproche, ma très-chere Sœur,
tombe sur Jesus-Christ même; c'est
luy que vous prenez à partie, en
accusant son Epouse d'innovation.
Mais si vous aviez lû les anciennes
professions de foy dressées pour
tous les Fideles de l'un & de l'autre sexe, vous seriez indignée contre ceux qui vous ont voulu persuader que les Filles ayent été dispensées de rejetter les Livres condamnez par l'Eglise. Cette sage
Mere n'a jamais varié dans sa
creance ; mais il est souvent arri-
vé que l'artifice des Novateurs
l'a obligée à prendre de nouveaux
moyens pour s'assûrer des sentimens de ses enfans. Elle s'est dis-
pensée dans un tems d'exiger les
mêmes choses , sur lesquelles dans
la suite elle a crû ne devoir plus se
relâcher. Saint Leon eut de puis-

ſantes raiſons d'obliger les Fideles
de ſon tems à communier du moins
pour l'ordinaire ſous l'une & l'autre eſpece. D'autres raiſons non
moins importantes empêchent ſes
Succeſſeurs de permettre ce que
celui-cy commandoit. Les Calviniſtes ſur cela diſent comme vous
que l'Egliſe, qui eſt conduite par le
ſaint-Eſprit, ne varie point. Vous
blâmez ces Heretiques lorſqu'ils
parlent de la ſorte; & vous ne vous
appercevez pas que vous parlez &
penſez comme eux.

Vos Superieurs, dites-vous, ont
reconnu que vous étiez très-obéïſ-
ſantes au ſaint Siege ; ils ont donc
été perſuadez que vous aviez fait
de bonne foy ce qu'il preſcrit. Si
en cela ils ont été trompez, n'eſt-il
pas juſte qu'on empêche leurs Succeſſeurs de l'être.

ARTICLE XV.

Je crois avoir déja satisfait à vôtre quinziéme article. Vous avez vû que c'est l'Eglise entiere qui parle par la Bulle, que c'est l'Eglise entiere qui prescrit la signature du Formulaire; que toute crainte d'offenser Dieu en obéïssant à ce precepte est une injure faite à l'Eglise, ou plûtost à Jesus-Christ même; que nul avis contraire ne peut être écouté sans une contravention manifeste à l'Evangile.

ARTICLE XVI.

Pour ce qui est de M. de Perefixe, son Mandement est relatif au Bref du Pape Clement IX. qui atteste qu'il n'eût jamais admis ny exception ni restriction. Quoy de plus formel contre ceux & celles qui ont mis interieurement à leur soûmiſſion ces mêmes exceptions & reſtrictions, que le ſaint Siege declare qu'il n'auroit jamais admiſes. Vos Sœurs declarerent à M. de Perefixe qu'elles avoient ſigné comme les quatre Evêques. La même ſignature dont le Pape avoit été content, parce qu'il la croyoit pure & ſimple, contenta M. de Perefixe. Depuis il s'eſt trouvé, ainſi que vous en convenez vous-même, que les quatre Evêques avoient uſé de duplicité. Quel avantage pouvez-vous donc tirer de cet exemple, qui ne prouve autre choſe, ſinon que, par une declaration ambiguë, vos Sœurs tromperent leur Archevêque, comme les quatre Prelats, & M. Arnauld avoient trompé le Pape; car ce ne peut être qu'en cela que conſiſte la duplicité dont vous les avoüez coupables.

ARTICLES XVII. XVIII. XIX.

Toutes celles de vos Sœurs qui font rentrées dans les voyes de l'obéïflance, ont figné le Formulaire purement & fimplement ; & ont declaré de plus qu'elles recevoient la derniere Bulle, qui declare parjure quiconque la figne, fans fe tenir perfuadé que le Livre de Janfenius eft heretique. Ce n'eft qu'à ces deux conditions qu'elles ont été reçûës à la participation des Sacremens. Je fuppofe qu'on ne vous a pas laifsé ignorer la joie qu'elles reffentent prefentement d'être rentrées en grace avec Dieu & avec fon Eglife , ni l'étonnement où elles font de leur aveuglement pafsé, & la fincérité avec laquelle elles déteftent ce long & opiniâtre égarement.

Voilà, ma chere Sœur, les fentimens

timens que vous devez prendre, &
la maniere dont vous devez vous
accuſer de vôtre deſobéïſſance paſ-
ſée, dont le principe a été la fauſſe
idée qu'on vous avoit donnée de
l'Egliſe. Vous l'avez crûë capable
de vous faire des commandemens
injuſtes & contraires à la Loy de
Dieu ; capable de prononcer contre vous des cenſures dictées par la
paſſion ; capable de ſe boucher les
oreilles de peur d'entendre vos
juſtes plaintes ; d'employer ſes ar-
mes ſpirituelles à perſecuter des
innocens.

L'outrage que vous luy avez fait
retombe ſur Jeſus-Chriſt même :
qu'une contrition vive vous faſſe
donc dire avec ſaint Paul : Je l'ay
blaſphêmé ; je l'ay outragé : mais
Dieu m'a fait miſericorde, parce
qu'étant alors incredule, c'eſt par
ignorance que je l'ay fait. Eclai-
rée par ſa Grace, vous connoîtrez

D

que le ferment exprimé par le Formulaire eft pour vous d'une obli-
gation indifpenfable, & que vous
ne fçauriez y fatisfaire trop prom-
ptement, puifque c'eft l'unique
moyen de fortir de l'état de peché où vôtre defobéïffance vous
retient.

La peine que vous fentez à condamner tous les Janfeniftes qui
font morts, eft la même que plufieurs nouveaux Catholiques ont
foufferte avant leur converfion.
Faut-il donc, difoient-ils, que je
croye que mes parens font damnez ? Ce que nous leur avons répondu fera vôtre inftruction. Nous
devons croire qu'il n'y a point de
falut hors de l'Eglife ; mais il ne
nous eft pas défendu de penfer que
Dieu, dont les voyes font admira-
bles, & les mifericordes infinies, é-
claire au moment de leur mort
plufieurs de ceux qui ne font plus

en état de donner des marques ex-
terieures de leur repentir & de
leur retour à l'Eglife. A qui a-t-il
fait cette grace miraculeufe? L'a-
t-il fait à quelqu'un de ceux en qui
nous n'avons vû aucun figne de repentir? C'eft un fecret refervé au
Tout-puiffant. Malheur à quiconque attend ce terrible moment
pour rentrer dans l'obéïffance.

Le defir extrême que j'ai de vôtre falut, ma très-chere Sœur, &
l'efperance que m'en donne l'in-
quietude falutaire où vous êtes fur
vôtre état, ne me permettent pas
de finir fans vous dire avec l'Apô-
tre : Nous vous exhortons de ne
pas recevoir en vain la grace de
Dieu ; voicy prefentement pour
vous le tems de grace ; voicy le
jour du falut ; puifque la voix du
Seigneur fe fait entendre à vous ,
gardez - vous d'endurcir vôtre
cœur. Le mien ne fera tranquile

& pleinement confolé que par
la nouvelle que j'attens, avec une
veritable impatience, de vôtre
cordiale & fincere foûmiffion. Je
la demanderay à Dieu chaque
jour, & j'efpere de fon infinie
Bonté le plaifir d'en être informé très-promptement.

*J'avois prié Monfieur le Tre-
forier de la Sainte Chapelle de
Vincennes, de répondre pour moy
aux difficultez que me propofoit la
Mere DE SAINTE IDE LE
VAVASSEUR, Religieufe du Port-
Royal, n'étant pas en état de le faire
moy-même, à caufe de ma paraly-
fie; & fçachant qu'il étoit plus capable qu'un autre d'expofer mes veritables fentimens, depuis que Dieu
s'eft fervi de fon miniftere pour me
ramener à la Verité. M'ayant
remis entre les mains ce prefent*

*Ecrit, je declare qu'il contient mes
sentimens & ma Doctrine, & je
l'approuve de tout mon cœur, de-
savoüant & rejettant toute opinion
contraire. En foy dequoy, j'ay signé
à l'Abbaye de Saint Denis, le
16. d'Octobre 1710.*

F. GABRIEL GERBERON.

www.ingramcontent.com/pod-product-compliance
Lightning Source LLC
LaVergne TN
LVHW020555060726
842525LV00004B/1454

9782019621353